Andreas Kleingrothe

Aufgewühltes

aus Drucksvermögen

Andreas Kleingrothe

Aufgewühltes
aus Drucksvermögen

Impressum

Bibliografische Information der Deutschen Nationalbibliothek:
Die Deutsche Nationalbibliothek verzeichnet diese Publikation in der
Deutschen Nationalbibliografie; detaillierte bibliografische Daten sind
im Internet über http://dnb.dnb.de abrufbar.

Herstellung und Verlag: BoD – Books on Demand, Norderstedt

ISBN: 978-3758363108

Hallo und danke

Alles, was wir schrieben,

Bliebe Käse,

Gäb' es keinen Lieben,

Der es läse.

Vorsicht, teuer!

Ich habe mal wieder (rein musischen Zwecks)

Aus Versen ein Büchlein gemacht.

Nicht fünf Euro braucht man für diesen Band sechs,

Der Preis stieg auf sieben – gib acht!

Unterm Winterschuhe

Draußen liegt der Schnee von gestern,

Scheint wie Schnee von heute.

Und es stapfen aus den Nestern

Eingepackte Leute.

Hier tobt nach dem Sturm die Ruhe,

Sonne glitzert aufwärts.

Spürst du's unterm Winterschuhe?

Ach, wie gehst du auf, Herz!

Dialogbe(f)reit

Schaut man, wie wir Menschen unsren Krisen

Inhaltlich begegnen woll'n, ist wichtig:

Jenen schwebt was andres vor als diesen.

Keine Meinung sei zurückgewiesen!

Akzeptanz, Respekt sind die Devisen.

Ohne Dialog ist alles nichtig.

Spaß, es liegt nur meine Seite richtig.

Sinn?

Ich fühl mich manchmal unbedeutend, klein,

Bloß Zufall, der sich Sinn zusammenlog.

Dann schau ich in die Sterne und seh' ein,

Dass mein Gefühl mich absolut nicht trog.

Heimweggedanken

Falls ihr es zu enthüllen wisst

(Ich selbst kann's nicht erklären):

Wie kann, was so erfüllend ist,

Mich gleichzeitig so leeren?

Verdammt

Du lügst, drängst mit Hetze ins Amt,

Drum scher dich zum Teufel, verdammt!

Und du? Du siehst zu und bleibst stumm.

Zum Teufel, verdammt, scher dich drum!

Gezerrt

Am 1. September war Tag der Begriffe,
Auf die sich im Deutschen nichts reimt.

Ich zweifelte, glaubte an clevere Kniffe,
Mit denen man Klänge verleimt.

Ich wollte ein Beispiel für derlei Versperrung
Und fand eins: „Nichts reimt sich auf Mönch."

Entsetzt sprang ich auf – holte mir eine Zerrung.
Ein Arzt sah mich an, sprach: „Ich röntg'."

Nur für mich

Im Frühling kommt's mir vor gelegentlich,

Als sängen lieb, wo immer ich auch bin,

Die frohgestimmten Vöglein nur für mich –

Dann nervt mich das noch mehr als ohnehin.

Jetzt

Deutschland hetzt

Dunkelwärts.

Wehr dich jetzt,

Friedlich Herz!

Hier drinnen Musik

Da draußen herrscht Krieg,

Zerspringen die Zeiten.

Hier drinnen: Musik.

Es schwingen die Saiten,

Hier atmen macht reicher.

Hör: Tasten und Felle

Und Bläser und Streicher

Sind Welle auf Welle

Ein Meer Melodie,

Ein Stück Utopie.

Den Schallkunstwerk-Schmieden

Sei Frieden beschieden.

Da draußen herrscht Krieg,

Hier drinnen Musik.

Feiner Unterschied

Wer feinselig ist, soll ein Glückslos erwerben!
Wer feindselig ist, soll einst glücklos versterben.

Weltkulturrebe

Und hier längs des Flusses zerschnitten wir Hügel,

Rasierten, vernarbten, entfernten,

Um großflächig unterm Kulturerbe-Siegel

Die tödlichste Droge zu ernten.

When September ends

Der Sommer ist weg, doch der Herbst äfft ihn nach.

Schon wieder ein Monat, der Höchstwerte brach.

Die Nachrichtenlage derweil ist so bitter,

Dass Sonne nicht passt. Wo sind Sturm und Gewitter?

Man wartet auf Demos, auf andere setzend.

Man will sich verkriechen, es strahlt nur so ätzend.

Man googelt für kommenden Sommer nach Villen

Und fragt sich „Wie wird's hier dann sein?", ganz im Stillen.

Der Himmel ist blau – Cadenabbia hasst herzlich,

Nicht grün ist der Tag, er ist bräunlich und schwärzlich.

Man klickt und man scrollt durch die Postings des Bösen –

@Billie Joe Armstrong: Kannst ruhig noch was dösen.

Lieber Dieter

Lieber Dieter! Nuhr verständlich,

Dass im Alter du letztendlich

Zynisch wirst – die Welt dreht von dir weg.

Interview mit Schuler, Reichelt,

Sticheln, das nach rechts hin schmeichelt –

Das ist nicht Satire, sondern Dreck.

Kabarett machst du vermeintlich.

Anstands,- jugend-, menschenfeindlich

Hat dein Showteam Hetze im Gepäck.

Wer mit Hass durchs Fernsehen tänzelt,

Zündelnd grinst, er würd' gecancelt,

Dessen Komik dient dem falschen Zweck.

Bildband Juni 23

Die Ampel-Selfies sind verhunzt,
Der Hass steigt in der Wählergunst
In blauen Diagrammen.

Hier Fluten und dort Feuersbrunst,
Die Freiheitsstatue atmet Dunst
Aus Himmeln stumpfer Flammen.

An Armageddon-Foto-Kunst,
Die „So begann das Ende" grunzt,
Kommt ganz schön was zusammen.

Ganz viel Platz

Es lieben sich Mädchen, es lieben sich Jungen,
Manch klappriger Finger will Klage erheben.

Lebt weiter, liebt weiter, lauft weiter umschlungen
Und hebt euren Finger kurz selbst (den daneben).

Es fühlen sich Menschen so, wie sie sich fühlen.

Wer meint denn, er könnte das besser bestimmen?

Im Sitzkreis ist ganz viel Platz zwischen den Stühlen,

Der Plan von Schwarzweiß lässt sich stufenlos dimmen.

Die Vielfalt des Lebens bringt Vielfalt der Liebe.

Nimm beides vom Pranger und dann als ein Fakt wahr.

Verwehrten wir Menschen ihr Ich-Sein, was bliebe?

Wir sind, was wir sind, nicht in Schubladen packbar.

Als wer wir durchs Leben geh'n, wer unser Herz hält,

Es nimmt sich nichts, nimmt auch nichts dem, der hier aufschreit.

Die Würde des andern zu achten – nichts mehr zählt

Fürs Glück namens Leben mit endlicher Laufzeit.

Merz im Juli

Mit Strand-Teint zurück im verregneten Norden.

Erkenntnis: Auch hier ist es brauner geworden.

Tempo

Ich fahre grad mit hundertachtzig Sachen

Vom Kölner Süden westwärts Richtung Frechen.

Fahr ganz gemächlich, muss ja langsam machen,

Damit die ganzen Sachen nicht zerbrechen.

Besser?

Das stete Fragen drückt ein scharfes Messer

An meinen Kloß im Hals wie ein Erpresser.

Die Ungeduld des Tröstenden wird kesser

Und mir geht's jeden Tag kein Stückchen besser.

WLB

"Du musst an deiner Work-Life-Balance

Arbeiten."

Sei leise, ich geh

Leben.

Glückspilz

Vorm Metzgerladen wartet brav

Aufs Frauchen ein Jack Russell,

Sieht drinnen Schwein, Huhn, Rind und Schaf,

Denkt: „Mensch, was hab ich Massel…"

TakTik

Raus aus den Köpfen der Kinder.

Raus aus den Seelen der Kleinen.

Wo ihr nichts verloren habt, findet ihr

Zu vieles, das Halt sucht.

Teuflisch, unverzeihlich, sie nach Angst und Hass

Greifen zu lassen.

Fressfeinde

Ein Wolf hat jüngst im Frankenwald

Ein kleines Lamm getötet.

Der Dorf-Almbauer fränkelt kalt:

„Jetzt wird das Monsdrum abgegnallt",

Eh er ins Jagdhorn trötet.

Lokale Presse nickt empört,

Zitiert aus Grimm'schen Sagen.

Der Wolf hat das Idyll zerstört,

Genommen, was ihm nicht gehört.

Jetzt geht's ihm an den Kragen.

Punkt 12 berichtet live vor Ort

Vom Zaun, dem nun erhöhten.

Auch König Söder ist schon dort,

Sagt „Bayern", „Tierschutz", „Heimat", „Mord",

„Entnehmen" anstatt „töten".

Ach, Lämmlein! Schuldlos umgebracht,

Weil'n Wolf das Fleisch des Lamms mag.

Dabei war das doch so gedacht,

Dass das der Bauer selber macht –

Bloß nicht vor Ostersamstag.

Surprise

Politiker sind grottenschlecht

Als Kinderbücherkritiker

Und Kinderbuchautoren echt

Die besseren Politiker.

Christian

Ironischerweise stünde es gerade jenen

Gut zu Gesicht,

Endlich einmal über ihren

Schatten zu springen,

Denen die Sonne ein Leben lang ins Gesicht lacht –

Aber dann müssten sie rückwärts springen,

Und das tun sie nie.

Und wem die Sonne

Aus dem Arsch scheint,

Der hat gar keinen Schatten, über den es sich

Springen ließe.

Bist du fort

Manchmal – bist du fort und ich pass hier auf –

Schmier ich abends Zahncreme auch bei dir drauf.

Und am Morgen decke ich zwei Messer.

Meistens bist du hier ist meistens besser.

2.2.

Heut ist Tag des Murmeltieres

Und der Ukulele.

Schlaf? Musik? Priorisier' es!

Bleib in deiner Höhle!

Sweet

Und solltest du meinen,

Ich reim dir was Sweetes,

Weil's Valentinstagsprotokoll ist,

Dann muss ich verneinen:

Tatsächlich geschieht es

Rein zufällig heut, weil du toll bist.

Naturgewalt

April hat gewütet,

Der Apfelbaum blütet.

Ab morgen

Ja, ist denn schon wieder hier Overshoot Day?

Gefühlt war der letzte erst gerade... Okay,

Kann bitte mir jemand ab morgen

Noch Welt für acht Monate borgen?

Fritten auf Erden

Es kamen Veganer und Fleischmilitante,

Lactose- und Fructose-Intolerante,

Mit Nussallergie und Gluten-Aversion,

Mit kleinem Ersparten und einer Million,

Und Juden und Christen,

Muslime, Buddhisten,

Und niemanden störte was Frommes

An Pommes.

Für uns hier

Ach toll, Kollege aus der Industrie!

Das Schulsystem ist rettbar – du weißt, wie.

„Die jungen Leute darf man nicht so pampern

Und Bildungszeit mit social skills verplempern,

Stattdessen mehr Bewerbungstraining machen,

Versicherungen, Steuern und so Sachen,

Talente schmieden, nicht nur inkludieren,

Mehr Business-Workshops, weniger Lektüren,

Damit, wenn wir sie auf den Markt entlassen,

Im Wettbewerb sie keine Chance verpassen.

Mit meinem Blick von außen, aus dem Leben,

Kann ich euch das als kleinen Ratschlag geben."

Ganz ehrlich: Wird die Welt wird daran verrecken,

Dass junge Leute Elster nicht gleich checken

Und beim Versich'rungsabschluss tapfer raten

(So wie es schon die meisten von uns taten)?

Vor allem braucht die Welt jetzt Ungemobbte,

Mental gestärkte, physisch Unverkloppte,

Braucht Schubladenvermeider, Kreative,

Verantwortliche, Kooperative.

Mach du es, wie du willst, in deinem Business.

Für uns hier hat dein Ansatz was Beschiss'nes.

Die Welt wird nicht an Lächeln, off'nen Händen,

Gewiss jedoch an Biss und Faust verenden.

Lebet hoch

Wir feiern heute Brückentag
Zu ehren aller Brücken!
Verkehrsverbindungsrückenmark,
Das ich mit Reim zu schmücken wag:
Auf dich! Komm, lass dich drücken! Stark,
Wie dir das Kunststück glücken mag:
Asphalt, der über Lücken lag!
Durch Täler mich auf Krücken trag,
Denn Umwege bedrücken arg,
Weshalb ich mit Entzücken sag:
Ihr lebet hoch, ihr Brücken!

Misere

„Das ist doch eine einzige Misere, diese Welt!"

Ich hab da, bin ich ehrlich, eher mehrere gezählt.

Schade

„Das Wortewähl'n ist Ihr Talent

Und Anstand Ihr Komplize.

Sind Sie der Chef hier?" – „Psst, der pennt.

Ich bin hier bloß der Vize."

Stoff

Da sorgt sich tatsächlich mal wer aus dem Off
Um Schule und liefert Ideen für *Stoff*,
Und dann sind's nur Eltern, die fordern Vermeidung
Von lässiger oder zu reizender Kleidung?

Ach, Eltern. Ich lade Sie ein in die Stunde.
Dann schau'n Sie sich um: In der Teenager-Runde
Gibt's Faule und Fleißige, Glatte und Grobe
In jeder erdenklichen Schulgarderobe.

Dann schauen Sie weiter: nicht bauchfreie Kleider,
Nicht Löcherjeans, Jogger und Gürtel-Vermeider
Sind prioritäre „Das-ändern-wir"-Ziele.
Die drängendsten hier (es sind unendlich viele):

Die Klassen zu groß und die Räume zu klein,
Und suchen Sie Steckdosen, sagen wir „Nein";
Gebäude zerbröseln, das Internet wackelt
Und nur dank Asbest ist noch nichts abgefackelt,

Im Zwischenraum nagt was, der Giftmann muss gucken,

Ach ja, und man kann nur mit Aufwand was drucken.

Der Workload wird mehr und es gibt keine Stellen,

Nur neue Erlasse aus trockensten Quellen.

Und dann, liebe Eltern, gibt's Kinder, die kommen

Ganz klein noch zu uns, schon ganz smartphonebenommen,

Belastet mit Druck und mit Fragen und Sorgen,

Leis ahnend, die Welt wird nicht einfacher morgen,

Die dringend empathischer Güte bedürfen,

In reißenden Strömen nach Antworten schürfen,

Dann einsam im herzlosen Netz sie erbeuten

Anstatt im Gespräch mit behutsamen Leuten.

Wenn je Ihnen was am Verbessern der Zeit lag,

Dann leisten Sie bitte schön folgenden Beitrag:

Gewaltfrei erziehen und kommunizieren,

Genug in gemeinsame Zeit investieren,

Es fördern, dass Kinder sich finden, entfalten

Und, wurscht wie das aussieht, Respekt stets behalten.

In kurz: Helfen Sie Ihrem Kind auf die Beine,

Wir schaffen den Rest dann so gut wie alleine.

Denn derart gestärkt ist es bestens vertraut mit

Den wichtigsten Skills, selbst im lockersten Outfit.

Kein anderer Mensch, der das trägt, was er mag,

Beeinträchtigt dann noch Ihr Kind. Guten Tag.

Balkon

Nun, ihr Blumen, alles Gute!

Mir ist leicht besorgt zu Mute,

Denn ihr müsst echt alles geben,

Tapfer euch ans Leben kleben,

Sollt hier viele Wochen hocken,

Mal ertränkt, mal knochentrocken

Den Balkon in Farbe tauchen

Ohne viel von mir zu brauchen.

Drum, mit dieser Drohgebärde,

Alles Glück der Kübelerde!

Wie kann man das nicht wissen?

Manchmal hat der Zufall die Menschen

Von einer nahenden Erkenntnis abgewandt

Und unverschuldet wissen sie etwas nicht –

Es ist einfach an ihnen vorbeigegangen.

Oft aber lag die Erkenntnis doch

Vor ihnen mitten auf dem Bürgersteig,

Unübersehbar, keine Chance für den Zufall –

Und sie sind einfach daran vorbeigegangen.

Das Problem

Wunsch:

Politische Ideen, die die Ärmsten der Armen

Beinhalten.

Realität:

Politische Ideen, die die Ärmsten der Armen

Armhalten.

Momentchen

Zu früh, um die Jacke vom Haken zu lupfen –

Ich habe mit dir noch ein Wörtchen zu rupfen!

Lyrik und Wacken

Ich bin ein Mann, der Blumen mag und Bier.

Ich bin ein Mann, der frisst, doch nichts vom Tier.

Ich bin ein Mann, der groß ist und der weint.

Ich bin ein Mann, der manchen weiblich scheint.

Ich bin ein Mann, der Fußball mag und Backen.

Ich bin ein Mann für Lyrik und für Wacken.

Ich bin ein Mann, ich kann nicht näh'n, nicht prügeln.

Ich bin ein Mann, der parken kann und bügeln.

Auf'n Zeiger

Warum wir schon um sechzehn dreißig

Da draußen nur noch schlecht seh'n, weiß ich:

Ist Herbstleid eh schon kaum zu steigern,

Da fummeln nachts sie an den Zeigern

Und tricksen uns den Morgen heller

Und meine Laune in den Keller.

Ich weiß, sie drehen zweimal jährlich,

Doch diesmal nervt's mich echt, ganz ehrlich.

Absage

Hi um sieben, meine Lieben!

Timing übel:

Dining schieben, bleibet drüben.

Keimbetrieb im Leib, und wie! Bin

Schleimgetrieben heimgeblieben,

Spei' in Schüben.

Bei mir blieb nur Brei mit Rüben.

Kein Betrüben!

Beim Entfiebern Reim geschrieben.

Bye von hüben.

Kindliches Sonnengedicht

Wie kannst du, Sonne, mir so nah

Und gleichzeitig so fern sein,

Als liebe Freundin für mich da

Und doch ein brennend Stern sein?

Wie kannst du jeden Abend mich

In schwere Schwärze zwingen

Und wieder dann allmorgendlich

Mir Licht und Leben bringen?

Dass mir allein du scheinst, so scheint's,

Doch scheinst du allem Leben;

Auf Erden jeder Form des Seins

Hast du das Licht gegeben.

So darfst du, liebe Sonne, mir

Wenn's Nacht wird, schon mal fehlen.

Mich tröstet: Wenn ich dich nicht spür,

Dann wärmst du andre Seelen.

Who?

„All men are created equal" –

Feiernswerte Line!

Und wir warten auf das Sequel.

Wird's ein She-quel sein?

Immer wieder heute

Nun war'n, weil's auf der Hand ja lag,

Kurz aufmerksam die Leute.

Der wichtigste Weltfrauentag

Ist immer wieder heute.

Beim Fressen

Manche sind so aufgebläht

Und geben dann derart unangenehme Scheiße von sich,

Dass ich glaube,

Sie haben beim Fressen der Weisheit mit Löffeln

Nicht gut gekaut.

Vom Wald und lauter Bäumen

Für ein Windrad (BILD-Empörung!)

Fällte man drei Eiben!

Grüne Energie-Verschwörung!

Öko-Wahn bringt Waldzerstörung!

Kohlekraft muss bleiben!

Kindliches Regengedicht

Regen? Macht mir gar nichts aus.

Regen prasselt laut aufs Haus,

Nicht auf meine Nase.

Regen trommelt mir ein Lied,

Das durchs Fensterglas man sieht

Wie durch eine Blase.

Regen macht mir kein Problem!

Regen macht es mir bequem

Unter meiner Decke.

Regen ist der beste Grund,

Dass ich mich mal eine Stund

Vor dem Tag verstecke.

Logische Folge

Ein kühles Bier – belebend!

Drei weitere – beleibend!

Die Bierbeleibung – bleibend!

23/26

Welch Lyrikvers kommt jetzt geweht?

Nix quietscht, nix bringt hier Weh!

Es klingt so toll, wenn ein Poet

Reimt ohne A, F, D.

Der Große Wagen

Oben parkt ein großer Wagen,

Wie ein SUV.

Wär das schön, hier Tschüss zu sagen

Und zum Wagen hochzujagen

In die Galaxie.

Auf ihm würd ich um die Erde

Düsen jede Nacht

Und, wenn ich es müde werde

Oder den Verkehr gefährde,

Wieder heimgebracht.

Großer Wagen, hup mal leise,

Oder kannst du nicht?

Und: Was bringt dich auf die Reise?

Gibt es Straßen? Oder Gleise?

Tankst du Sternenlicht?

Gewissensfreiheit

Das höchste

Gut:

Frei zu sein,

Befreit zu sein,

Sich zu befrei'n

Von Fremdenhass,

Rassistischem

Gedanken-

Gut,

Wenn man

Sie hat: Eine

GEWISSE NS-FREIHEIT

Wird Zeit!

Jetzt drängen sich Massen

Auf Straßen und Plätzen,

Um gegen das Hassen

Ein Zeichen zu setzen.

Wird Zeit! Solch ein Marsch blieb

Zu lange verborgen!

Mein Spiegel: „Du Arschtyp

Gehst selber erst morgen!"

Gewitter

Es wehet und windet,

Es wackelt und wolkt,

Ein Blitz sich entzündet,

Ein Donnerschlag folgt.

Die Buche, sie biegt sich,

Die Eiche, sie ächzt,

Der Himmel verfliegt sich,

Zerkritzelt, zerkrächzt.

Die Welt ist ein Krachen,

Ein Schütteln und Schütten,

Da kann man nichts machen

Und bleibt in den Hütten.

Drei Mandarinen

Drei Mandarinen sind übrig vom Netze,

Tagelang lustlos begafft bloß.

Fühlt euch nur ganz so wie ich, meine Schätze,

Dünnhäutig, bitter und saftlos.

Wintersamstag

Wintersamstag! Jogginghose!

Morgens ohne Kämmen,

Mittags Suppe aus der Dose,

Unter Koffein-Narkose,

Sich ins Sofa klemmen,

Rodeln, Abfahrt, Ski-Hypnose,

Pizzadienst bringt was zum Schlemmen,

Plopp, ein trockener Franzose,

– Trägheit, grenzenlose!

Sicher

Ein harter Kampf, dies Alltagsleben.

Und bringt's was, unterm Strich?

Es wird sich sicher was ergeben,

Zur Not halt einfach ich.

Europa feiert das Fest der Liebe

Den Nimbus, den Nobelpreis und das Neue Testament,

Das alles kann das Christkind einkassieren

Und dann mit einer Taschenlampe, die adventlich brennt,

Europas Außengrinsen kontrollieren.

Frau Wohlgemuth und ihre langen Finger

Frau Wohlgemuth hat furchtbar lange Finger,

Das weiß man hier im Dorfe schon seit Jahren;

So knochige, ganz faltig dürre Dinger,

Die laut Geheimrat immer schon so waren.

Frau Wohlgemuth hat immer nackte Hände,

Weil ihr natürlich Handschuhe nicht passen.

Wie Dorn durchstößt sie jeden Stoff am Ende,

Drum muss die Hände hüllenlos sie lassen.

Frau Wohlgemuth hat Finger wie Grissini,

Und greift sie was, dann bröseln kleine Teile.

'Nen Händedruck gibt jeder mal, nur sie nie.

Ach ja, und sie hat keine Nagelfeile.

Spielplatzregel für Wippenbenutzung

Macht rechts sich wer schwer, setzt sich hin breit und stolz,

Dann rück nicht, um's näher zu prüfen, nach vorn.

Auch jammere nicht, und spring bloß nicht vom Holz!

Sonst sitzt er bequem und das Spiel ist verlor'n.

Stattdessen hol all deine Freunde nach links,

Mit Kraft (nicht Gewalt! Das wär' gegen die Regeln).

Gemeinsam nehmt all sein Gewicht ihm! Erzwingt's!

So klappt es, den Bengel vom Spielplatz zu kegeln.

Mit am Strand

Komm, lass den Kopf ruhig hängen

Und steck ihn in den Sand.

Wer weint, ist nicht zu drängen.

Tristesse hat ihre Längen,

Kein „Kopf hoch!", das sie bannt.

Kein Ratschlag von den Rängen

Mit Ohren-steif-Gesängen.

Ich sitz nur mit am Strand,

Ich halte meinen Rand

Und einfach deine Hand.

Alptraum

Braunfäule frisst unsre Gärten,

Wuchert in Umfragewerten.

Mistgabeln warten im Hafen.

Mich lässt der Alptraum nicht schlafen.

XXL-Gemütlichkeit

Von Kapuzendach zum Bundsaum

Will ich mir ein Haus bau'n.

90 Prozent Pulli und kaum

10 Prozent, die rausschau'n.

Aussterbende Kunst

Wer stirbt, kann nicht singen. Ich forder

Von Bands, deren Ende droht:

Bringt rasch, was ihr habt, zum Rekorder

Und spielt mir das Lied *vorm* Tod.

Unser Dorf soll breiter werden,

Unser Dorf soll breiter werden,
Spreizen wir die Spuren!
Stärke von zehntausend Pferden
Kommt sonst nicht auf Touren.

Beete sind schon ausgeschieden.
Geht noch was am Bordstein?
Räumt dem Vorort-SUV den
Platz für seinen Sport ein!

Viel zu schmal, die alten Gassen,
Presslufthammer, reg dich!
Mach, dass unsre Autos passen,
Wohnort, bleib beweglich!

Wenn die schweren Schiffe warten,
Grabe eine Elbe!
Frachtschiff- oder Porsche-Fahrten,
Das ist doch dasselbe.

Schaff' den stolzen Büffelherden

Die verdienten Räume!

Stadtpark wird bald Parkstadt werden,

Eh zu viele Bäume.

„Gnadenlos zerlegt"

Ich freu mich ja, wenn Menschen Menschen schätzen,

Die sich mit Gegnern auseinandersetzen

Und sich dabei des Arguments bedienen,

Anstatt sich zu ergeh'n in Hasslawinen.

Warum geht Lob für gerade diese Stärke

Nicht ebenso besonnen dann zu Werke?

Wer andre mit Vernunftbegabung schlägt,

Der hat sie *wider*legt – und nicht *zer*legt.

Kindliches Regenbogengedicht

Ist's Magie, ist's nur Physik?

Buntes Band, das schillernd schick

Über unsern Himmel spannt

Wie in einem Märchenland!

Regenbogen, Regenbogen,

Glück kommt auf den Weg geflogen,

Und erinnert mich voll Schimmer:

Bunt ist alles besser. Immer.

Ins Hemd geklemmt

Bin frisch gekämmt

Ins Hemd geklemmt,

Wirk fremd, gehemmt,

Wie angeschwemmt

Und wart, als müsst' ich bellen,

Aufs Schellen.

Freie Küche

Kuchenteig kriegt Kiwi und Banane,

Im Rezept steht irgendwas von Pflaumen.

Bratensößchen? Einfach schon mal Sahne,

Nix da „erst den Sud zu Ende schaumen".

Bunte Schürze, niemals weiße Fahne,

Bloß kein Krisenmeeting anberaumen!

Zutat, Menge – alles nur Schikane!

Kochen, backen, alles pi mal Gaumen.

Egal-Gefühle

Backen, Waschen, Trocknen, Spülen –

Viele Knöpfe, viel Tamtam.

Mancher wird sein Haar zerwühlen,

Scher ich mit Egal-Gefühlen

Statt mich um das Piktogramm

Alles über einen Kamm,

Ohne je am Knopf zu spielen,

Ohne dass ich ihn nur schramm':

Stufe, Dauer oder Flamm',

Alles braucht nur ein Programm.

Bekannte

Ich treffe mich mit zwei Bekannten heut
Und hol dir Autogramme, wenn's dich freut.

Müde nun

Gestern bin ich wach und aufgeladen
Durch mein Leben gut gelaunt geschlendert.
Müde nun, erschöpft, mit schweren Waden
Fühle ich mich gähntechnisch verändert.

Und doch

Das tiefste Mitgefühl der Welt

Hat niemals wiederhergestellt,

Was Trümmer ist und tot –

Und hat doch Wert! Wer mitfühlt lernt:

Wir Menschen sitzen weit entfernt

Und doch im selben Boot.

Letzte Male

Im Leben ist es selten wie bei Abreißkalendern:
Man zählt nicht runter zum Dezemberblatt.
Auch merkt man nicht, wie leise sich die Lebensphasen ändern,
Ihr Schlusspunkt ist mehr Bindestrich als Cut.

Die Dinge enden meistens ohne Gongschlag zum Finale,
Sodass wir oft viel später erst erstaunt schau'n
Auf damals, als sie da war'n, diese vielen, vielen Male –
Auch dann, wenn keiner mitzählt, läuft ein Countdown.

Wann hörten wir nur auf mit dem, was früher wir stets taten?
So viele letzte Male, unerkannt.
Im Leben endet vieles ohne Feuerwerksgranaten.
Wann griffst ein letztes Mal du ihre Hand?

Omas Nachtgruß

Husch, raus mit euch, der Tag wird alt;

Wie schön, dass ihr so lang geblieben!

Jetzt kommt gut aufs Gehöft! Bis bald,

Und nehmt den Mond mit heim, ihr Lieben.

Erkenntnis am Morgen des 18.12.23

Du fühlst dich jung? Am Leben bleiben rächt sich.

Du bist nicht jung. Brad Pitt wird heute sechzig.

Müde zufrieden

Tagebuch, ich hab was Schweres

Richtig heut entschieden.

Ist auch jetzt der Akku leer, es

Gähnt sich ganz zufrieden.

VeRWEchselt

„Klimaterroristen" wurde Unwort des Jahres,

Ist jedoch im Grunde fundiert.

Schau ich in die Welt, hat seine Botschaft was Wahres,

Wird nur stets verkehrt adressiert.

Mondregenbogen

Schwül ist die Luft, schwer und regenbewohnt,

Nachtgewölk sternlos und trübe.

Über den Feldern steht silbern der Mond,

Schimmert hindurch wie durch Siebe.

Plötzlich, ganz sanft, bricht die Nässe sein Funkeln,

Schafft daraus schillernde Streifen.

Wunder entfalteter Buntheit im Dunkeln!

Surreal, kaum zu begreifen.

Was fang ich mit dem Wissen an?

Mal staunt man sehr, woher man kommt,
Und zweifelt doch am Fortschritt prompt.

Die Sache mit der flachen Welt
Die konnt' man revidieren,
Ein Weltall und kein Himmelszelt
Und wir sind's, die rotieren.
Das weiß man, doch meist fehlt der Plan,
Was fang ich mit dem Wissen an?
Ob platt sie, eckig oder rund ist –
Es juckt uns nicht, ob sie gesund ist.

Zu prügeln ist, wenn uns wer stört,
Als Lösung überwunden.
Dass Liebe in die Welt gehört,
Wird zunehmend befunden.
Wir sind für Frieden, aber bald
Auch taub dafür, wenn's wieder knallt.
Gewalt, Diskriminierung schert
Meist den nur, der sie selbst erfährt.

Dass Mann und Frau nicht alles ist,

Bei Menschen wie bei Paaren,

Und dass man frei ist, wen man küsst,

Das weiß man schon seit Jahren.

So flammend unser Plädoyer,

So kalt im Kopf noch das Klischee,

Das man zwar spürt, doch gern verschweigt

Und lieber auf die andern zeigt.

Und bietend altem Hassgeschwätz

Und Irrtümern die Stirne

Fliegt „Rasse" aus dem Grundgesetz –

Doch wann aus unserm Hirne?

Sehr richtig, Sprache muss sich wandeln!

Doch tut es dann auch unser Handeln?

Wir wissen, gleiche DNA

Und reden doch von „denen da".

Es ist – als Lehre des Gedichts –

Das Wissen ohne Können nichts.

Reiseberichte – Angebot und Nachfrage

Gern beschrieb ich alle meine reibungslosen Reisen

Mit der Bahn in vielen dicken Bänden – Wer das läse?

Doch das dünne Beiheft „Ausfall, Warten und Entgleisen"

Risse man mir gierig aus den Händen – So ein Käse.

Yoda in love

Ich fühle mich

Bei dir zu Hause.

Zu Hause bei dir

Fühle ich mich.

Schlauchboot „Titan"

News: Tragödie auf den Meeren!

Suche läuft mit ganzen Heeren

Voller Forscher, Flieger, Fähren

Nach den Schlauchboothelden, deren

Boot sank beim spektakulären

Plan das Meer zu überqueren,

Um dem ungerecht prekären

Leben und den Schießgewehren

Ihren Rücken kühn zu kehren.

Interviews mit Funktionären,

Bilder, die die Toten ehren,

Hintergründe der Miseren

Sind im „Brennpunkt" gleich zu klären.

(Wenn die Dinge anders wären…)

In deiner Tasche

Da du schon bis hier gekommen,

Hast du wohl die viele Asche

Furchtlos in die Hand genommen

Und dies Buch in deiner Tasche.

Danke! Sag, ist dein Behälter

Durch den Kauf schon voll bis oben?

Es gibt mehr von mir, bloß älter.

Das sei dir ans Herz geschoben:

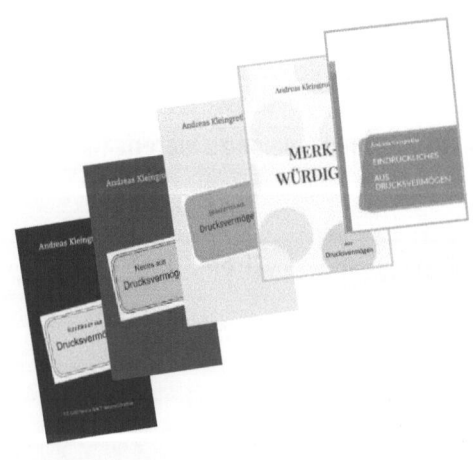